Afinal qual é a

Boa Nova?

AFINAL QUAL É A BOA NOVA?

O assunto que vou tratar agora, nesta carta, diz respeito a algo que Deus tornou real para mim ao longo deste ano, e que é a restauração da mensagem, enquanto evangelho. Na minha opinião, tem havido um diluir da mensagem e assim, grande parte do seu impacto, perdeu-se. A escritura diz, no fim do evangelho de Marcos, que os apóstolos partiram e pregaram por toda a parte, e o Senhor cooperava com eles confirmando a palavra com sinais.

Quer dizer, Deus confirma a Sua palavra com sinais sobrenaturais.

> Deus confirma a Sua palavra com sinais sobrenaturais.

No entanto, é lógico que para alcançar a confirmação sobrenatural de Deus, precisamos ter a certeza que usamos aquela palavra, que Deus está disposto a atestar. Por outras palavras, a confirmação da palavra está ligada a apresentarmos a palavra que Ele quer que seja apresentada.

> A confirmação da palavra está ligada a apresentarmos a palavra que Ele quer que seja apresentada.

A expressão padrão que tem sido usada ao longo do tempo, é a palavra evangelho. Provavelmente eu não preciso dizer a ninguém que a palavra evangelho significa boa nova. Contudo, falando de uma forma geral, principalmente na introdução do ministério de Jesus e da verdade do evangelho, a expressão que é normalmente usada não é apenas, o evangelho, mas sim o evangelho do reino.

Ou, o evangelho do reino de Deus ou ainda o evangelho do reino dos céus. Não alcançamos a mensagem na sua essência se deixarmos de lado a palavra **reino**.

Por isso, vou levar mais algum tempo para partilhar contigo o que acredito serem as implicações dessa expressão "o evangelho" ou "as boas novas do reino". E penso que elas não serão conhecidas para muita gente.

Uma das razões porque tudo isto é pouco familiar e bastante difícil apreender para cristãos contemporâneos, é o facto de já não estarmos habituados a monarquia como forma de governo. Nós, uma grande parte de nós pelo menos, viemos de democracias. E mesmo no meu país de origem, a Grã Bretanha, apesar de haver ainda uma família real, esta é essencialmente ornamental. É uma instituição; não faz parte de um processo governamental na maior parte dos casos.

O que temos de perceber é que no tempo da Bíblia, o método normal de governo era instituído por um rei.

E aqui, não estamos a falar sobre algo ornamental ou de uma instituição arcaica, mas sim de uma realidade muito prática de governo.

E assim, quando falamos acerca das boas novas do reino de Deus, estamos a falar das boas novas da governação de Deus, num sentido muito prático. Não quer dizer que vamos ter apresentações fantasiosas de Deus como soberano remoto de parte incerta, mas que vamos estar de facto sob a governação de Deus.

É esse o assunto crucial dessa mensagem e penso que estarás de acordo comigo, de que tem sido obscurecido pela igreja desde há muitos séculos. Pessoas que são, cito, evangélicos e outros, quando falam acerca do evangelho, as suas mentes tendem a pensar em, novamente cito, serem salvos, terem os pecados perdoados, receberem a vida eterna e em saberem que vão para o céu quando morrerem. Agora isso, na verdade, está incluído no evangelho e

3

é de extrema importância. Mas não é o cerne da mensagem do evangelho tal como é apresentada no Novo Testamento, é uma aberração. Não revela a questão central. A mensagem do evangelho é que o desejo de Deus é, assumir o governo da raça humana.

> A mensagem do evangelho é que o desejo de Deus é, assumir o governo da raça humana.

Se alguma vez falarmos do evangelho sem referir, algures, acerca de estar sob o governo de Deus, é porque perdemos a essência do tema.

Gostaria de me debruçar agora sobre uma introdução profética dada pelo profeta Isaías. Em Isaías 9:6-7 (ARIB), encontramos a famosa previsão do nascimento do Senhor Jesus Cristo. Quero que repares na ênfase dada.

Porque um menino nos nasceu, um filho se nos deu...

Ao longo dos tempos, isto sempre foi entendido como referindo-se ao nascimento do Senhor Jesus Cristo. E repara como isto é exato, pois Ele nasceu como uma criança, um bebé, mas foi dado como o filho eterno de Deus. Não se tornou o filho de Deus quando nasceu da virgem Maria, mas Ele veio como uma criança.

Agora, qual é a primeira declaração feita acerca deste Messias, deste Salvador?

... e o governo estará sobre os seus ombros;

Qual a primeira coisa que é a essência da boa nova? O governo estará sobre os Seus ombros, Ele assumirá a governação da humanidade.

... e o seu nome será: Maravilhoso, Conselheiro, Deus Forte, Pai da eternidade, Príncipe da Paz.

Creio que todos estes são aspetos da Sua qualificação para governar a humanidade.

O próximo versículo volta-se então para o tema da governação.

Do aumento do seu governo e da paz não haverá fim,...

E a Escritura torna muito claro que a paz depende sempre dum bom governo. Sem um bom governo não pode haver paz. E aqueles que recusarem o governo de Deus não podem conhecer a paz.

> Aqueles que recusarem o governo de Deus
> não podem conhecer a paz.

Isaías diz mais do que uma vez, que não há paz para os ímpios, ou para os rebeldes. Novamente isto não é familiar ao pensamento contemporâneo. Lamentavelmente, acho que muitos Cristãos muitas vezes tendem a ver o governo como um organismo hostil que é responsável por muitos dos problemas. A verdade é que sem governo não pode haver paz. É absolutamente vão para as nações irem em busca de paz fora dum governo. A medida de sucesso do governo corresponde à medida de paz que abastece. Voltando ao versículo 7:

Do aumento do seu governo e da paz não haverá fim...

Uma vez estabelecido, o Seu governo crescerá sempre.

Vê agora qual o tipo de governo.

… sobre o trono de Davi e no seu reino…

Ele vai governar como um rei. Não como um presidente, como um primeiro ministro, nem como um ditador, mas sim como um rei. E então diz:

…para o estabelecer e o fortificar em retidão e em justiça…

E em relação a esta mensagem do reino, a primeira palavra que está sempre em evidência depois de mencionar o reino, é a palavra justiça ou retidão. E diretamente associada, vem a palavra paz. E perante estes factos, podemos ver que sem governo não pode haver paz. E esse governo tem de providenciar justiça. E onde há justiça ou retidão, haverá certamente paz.

E continua assim:

…desde agora e para sempre.

E a frase conclusiva é a garantia de Deus de que isto vai acontecer. Qualquer que seja a reação ou resposta dos homens, Deus diz:

O zelo do Senhor dos exércitos fará isso.

O Senhor está de tal forma comprometido com isto que Ele garante que vai acontecer.

Isto é o quadro sobre o que Jesus veio fazer. Ele veio tomar posse do governo da raça humana.

> O que é que Jesus veio fazer?
> Ele veio tomar posse do governo da raça humana.

Isto tem muita lógica se analisarmos a fonte dos problemas humanos. Ela remonta a um único facto que é a rejeição, pelo homem, do governo de Deus.

> A fonte dos problemas humanos:
> o homem rejeitou o governo de Deus.

O homem rebelou-se contra Deus e recusou o Seu governo. Isto é a origem exclusiva a que podem ser atribuídos todos os males, os sofrimentos e os problemas da humanidade desde aquele dia, até agora. Todos eles têm uma causa única. E o evangelho ou as boas novas são tão lógicos que fornecem o remédio para anular os problemas que tiveram origem nessa causa. E esse remédio é: voltar sob o governo de Deus.

> O evangelho fornece o remédio: voltar sob o governo de Deus.

Na realidade, falar em receber o evangelho, em ser salvo ou tornar-se Cristão ou o que quer que se diga, sem estar sob o governo de Deus é enganar-se a si próprio. Neste caso, o pensamento e propósito principais não são alcançados. Não se pode dissociar a salvação do governo de Deus.

Vê bem, se começarmos a pensar assim, teremos uma resposta muito diferente em muitos assuntos. A nossa atitude perante muitas coisas será diferente. Tornar-nos-emos um povo governável. Acho que é difícil imaginar alguém menos governável neste momento, do que a igreja de Jesus Cristo. Alguém, uma vez, num encontro de ministros, orou, "Deus, manda-nos profetas." E outro ministro disse, "Deus, não mandes. Porque se o fizeres, vamos matá-los!" Na realidade, tenho dúvidas se haverá algum grupo de pessoas menos governável na terra, do que a igreja de Jesus Cristo. Uma importante razão básica é que temos tido uma ideia errada do que Deus pretende. As boas novas são, que Deus vai mesmo governar-nos. Se não estivermos preparados para sermos governados, não temos direito a receber as boas novas.

Não podemos dissociar o governo de Deus das boas novas.

Voltemos agora ao Novo Testamento e vejamos como esta profecia de Isaías veio a concretizar-se em Mateus 2:1-6.

E, tendo nascido Jesus em Belém de Judéia, no tempo do rei Herodes, eis que uns magos vieram do oriente a Jerusalém,

Dizendo: Onde está aquele que é nascido rei dos judeus?…

(versículo 1,2)

E é esta a sua primeira apresentação à humanidade. Não como salvador, embora o seja, mas como rei.

> A primeira apresentação de Jesus à humanidade é como rei, não como salvador.

Porque vimos a Sua estrela no Oriente e viemos para a adorá-lo. (2)

Repara agora na reação da autoridade estabelecida a esta mensagem, pois quase sempre todos reagem da mesma maneira. Todos ficam muito perturbados quando ouvem falar de um novo governo.

E o rei Herodes, ouvindo isto, perturbou-se, e toda Jerusalém com ele. (3)

Mas porquê? Qual o motivo? Ele começou a perceber que era uma ameaça ao seu governo. E se conhecessem o caráter de Herodes, veriam que isso o amedrontaria mais do que qualquer outra coisa. A História confirma vezes sem conta que o tipo de ação, tomada por ele, era típico. Saiu para assassinar quem quer que fosse concorrente àquele título.

E, congregados todos os príncipes dos sacerdotes, e os escribas do povo, perguntou-lhes onde havia de nascer o Cristo. (4)

Não havia ignorância acerca disto, todos sabiam.

E eles responderam: "Em Belém da Judéia; pois assim escreveu o profeta: 'Mas tu, Belém, da terra de Judá, de forma alguma és a menor entre as principais cidades de Judá; pois de ti virá o líder que, como pastor, conduzirá Israel, o meu povo' (NVI 5,6)

E repara novamente, Ele veio para ser o quê? Um governante, é claro.

Bom, essa reação de governação secular às notícias da existência de outro rei, na verdade, nunca mudou através dos séculos. Continua a pô-los muito nervosos. Se não provocarmos essa reação, é sinal de que provavelmente não estamos transmitindo a mensagem correta.

Quero voltar à proclamação inicial do reino. E as passagens de que vou falar agora, apresentam a introdução de Jesus e o Seu ministério. Este é o relato oficial da Sua vinda e da abertura do Seu ministério. E quero que vejas que o tema, durante o tempo todo, é; **o reino de Deus está próximo**. Vamos voltar a Mateus 3 e ler os versículos 1 e 2.

E naqueles dias apareceu João, o Batista, pregando no deserto da Judéia e dizendo:" Arrependei-vos, [porquê?] porque é chegado o reino dos céus."

Qual era a mensagem? É chegado o reino dos céus. Não havia nada específico acerca do perdão dos pecados. A primeira verdade central é o facto do reino de Deus ter chegado.

> A primeira verdade central da mensagem
> é o facto do reino de Deus ter chegado.

Todo o povo Judeu estava mesmo à espera de um governante que restaurasse a independência deles e a sua governação na sua própria terra. Por isso, não tiveram qualquer dificuldade com o propósito de João. Eles poderiam não acolher bem a mensagem mas de certeza que entenderam o que ele estava dizendo. Chegou o grande governante prometido. E podemos, então, ler em Mateus

4:17 a primeira declaração pública de Jesus. Estas são de facto, as primeiras palavras que pregou. Mateus 4:17:

Desde então [foi na altura após João Batista ter sido posto na prisão] *começou Jesus a pregar.*

Prefiro a palavra *proclamar*. Quando vires a palavra *pregar*, deves ter em mente que é um verbo derivado de um substantivo usado para arauto. É a proclamação de um arauto.

Ele começou a proclamar e disse, "Arrependei-vos, porque é chegado o reino dos céus."

Ele começou exatamente onde João Batista tinha começado. Não há diferença nenhuma. Esta é a mensagem. Podes confirmar em Marcos 1:14-15, que é novamente uma descrição paralela da abertura do ministério de Jesus. Marcos 1:14-15:

E, depois que João foi entregue à prisão, veio Jesus para a Galiléia, pregando o evangelho do reino de Deus, E dizendo: O tempo está cumprido,...

E isto referia-se principalmente, acho eu, às profecias de Daniel que tinham definido uma altura específica para a vinda do reino.

O tempo está cumprido, e o reino de Deus está próximo. Arrependei-vos, e crede no evangelho [ou nas boas novas].

O que são as boas novas? O reino de Deus chegou. É tudo muito claro.

Assim, o requisito inicial para os que queriam beneficiar da mensagem, é resumido numa só palavra: Arrependimento. Onde

11

quer que a mensagem chegue, o primeiro requisito é o arrependimento. Porquê? Voltemos por um instante ao profeta Isaías, capítulo 53, e versículo 6. Palavras familiares a muita gente.

Todos nós andávamos desgarrados como ovelhas;…

Isto é verdade para cada um de nós, hoje.

…cada um se desviava pelo seu caminho…

Repara, essa é a culpa universal da raça humana. É o problema base da humanidade. Nem todos cometemos assassínio ou adultério ou roubo ou ficámos bêbedos ou fomos imorais, mas há uma coisa que todos nós fizemos. Todos nós tomámos os nossos próprios caminhos. E então o profeta continua:

…mas o Senhor fez cair sobre ele [Jesus] *a iniquidade de nós todos.*

O que é: "voltar para o seu próprio caminho"? É iniquidade. É uma palavra bastante forte para expressar, fazer mal. Penso que uma melhor e mais moderna tradução seria, rebelião. É o problema de raiz da raça humana, todos nós somos rebeldes. Mas graças a Deus, a mensagem é que Deus colocou sobre Jesus, na cruz, a rebelião de toda a humanidade e todas as consequências malignas desta rebelião. Esta é a essência de tudo o que foi realizado na cruz. Deus depositou sobre Jesus a rebelião e as suas consequências malignas, para que em troca, o bem devido à obediência sem pecado de Jesus, pudesse ser disponibilizado a todos os que se arrependem e creem. É esta a essência de tudo o que foi realizado na cruz, foi uma troca ordenada divinamente. Todo o mal que nos era devido caiu sobre Jesus para que o bem devido a Jesus pudesse estar disponível para nós.

> A essência de tudo o que foi realizado na cruz:
> Todo o mal que nos era devido caiu sobre Jesus para que
> o bem devido a Jesus pudesse estar disponível para nós.

E com esse ato, Deus tomou provisão para todas as necessidades de toda a humanidade em todos os tempos: espiritual, mental, emocional, física, material, financeira, e eterna. Tudo foi fornecido por aquele supremo sacrifício de Jesus Cristo na cruz. Mas a essência do problema era a rebelião. E foi aí, que Deus lidou com ela.

Então, porque temos todos de nos arrepender? Porque todos fomos rebeldes, é claro. Não há maneira de entrar no reino de Deus sem ser pelo arrependimento.

> Não há maneira de entrar no reino de Deus
> sem ser pelo arrependimento.

Arrependimento, já o disse, não é uma emoção. Pode ser acompanhado por uma emoção, mas é uma decisão. Na moderna terminologia significa que dizemos, "Deus, tenho estado virado para o meu próprio caminho, a viver de modo a agradar a mim próprio, estabelecendo os meus próprios padrões, os meus próprios objetivos, consultando-Te uma ou duas vezes apenas quando me convém. Mas principalmente tenho agradado a mim próprio. Mas acabou-se. Não voltarei a fazer isso. Aqui estou, meu Deus, submetendo-me a Ti sem reservas. Diz o que tenho de fazer e vou fazê-lo." Isto é arrependimento. Tudo aquém disto não te qualificará para o Reino.

Há muitas pessoas "salvas" que na realidade não têm grande coisa do reino nas suas vidas por na verdade nunca se terem arrependido.

Jesus não proclamou apenas o reino mas demonstrou-o. Vamos voltar a Mateus 4:23-24, que é o princípio do Seu ministério real, para além de ensinar e pregar.

E percorria Jesus toda a Galiléia, ensinando nas suas sinagogas e pregando o evangelho do reino, e curando todas as enfermidades e moléstias entre o povo. E a sua fama correu por toda a Síria, e traziam-lhe todos os que padeciam, acometidos de várias enfermidades e tormentos, os endemoninhados, os lunáticos, e os paralíticos, e ele os curava.

(Mateus 4:23-24)

E cá está o ponto crucial do que te quero transmitir. A mensagem determina os resultados. Quando Ele pregou o reino, demonstrou o poder e a autoridade do governo de Deus.

> A mensagem determina os resultados. Quando Ele pregou o reino, demonstrou o poder e a autoridade do governo de Deus.

E há três coisas que não podem sobreviver em confronto com o reino. Pecado, moléstia (doença) e demónios. Sempre que a humanidade foi confrontada pelo reino através de Jesus, o pecado, a moléstia e os demónios passaram por uma derrota manifesta e total. Sabes, foi-me pedido que falasse no ministério da cura e fico muito feliz por fazê-lo. Mas durante os últimos anos acabei por verificar que muito do que se faz no que chamamos ministério da cura é, praticar algo, que Jesus disse que nenhuma pessoa sensata, alguma vez faria. E é pegar num pedaço de tecido de uma peça nova e colocá-lo como um remendo numa peça velha. E então ele disse que o que iria acontecer era que o novo tecido iria rasgar-se do velho e assim o buraco ficaria ainda maior do que antes. O que quero dizer com isto? Quero dizer que as pessoas vêm de uma vida carnal de auto satisfação, em que só dão a Deus o que lhes apetece no Domingo de manhã ou em qualquer outra altura. Vêm até a um serviço de cura e em aproximadamente duas ou três horas querem que Deus ponha um remendo com a Sua bênção sobrenatural, no seu estilo da vida de auto satisfação. Mas isto não funciona. Nem alguma vez foi ordenado ser daquela maneira. A mensagem de cura é para as pessoas que receberem o reino. E fora do reino não há promessa de cura.

Isto é tão dramático. Vê novamente aqueles versículos. Ele proclamou as boas novas do reino. Como souberam da chegada do reino? Qualquer pessoa podia ter declarado que chegara o reino. Qual a evidência? Foi que Ele curou todo o tipo de doenças e enfermidades.

E assim o diz o versículo a seguir, e acho que é muito específico na terminologia daquela época e distingue todo o tipo de problemas físicos, mentais e emocionais de que a humanidade podia sofrer. Apenas tens de ver a lista.

...e traziam-lhe todos os que padeciam, acometidos de várias enfermidades e tormentos,...

Tormentos, poderia significar males mentais, emocionais ou físicos. Para mim, sempre pensei em artrite como sendo um tormento.

...os endemoninhados, os lunáticos, e os paralíticos...

Eu acho que na terminologia antiga, isso era toda a gama de sofrimento humano. E o reino lidou com todos eles. Nenhuma forma de poder demoníaco ou pecado ou doença poderia coexistir com o reino de Deus. Como vês, é uma mensagem sensata. E faz todo o sentido.

Vou voltar ao último profeta do Antigo Testamento, Malaquias, apenas por uns momentos. Malaquias 4:2:

Mas para vós, os que temeis o meu nome [Deus é quem fala], *nascerá o sol da justiça, e cura trará nas suas asas…*

Quem é o *"sol da justiça"*? Jesus, é claro. É um dos Seus grandes títulos. Vejam o que Ele é. É o sol da justiça. E traz o quê? Cura.

Agora, no universo natural na terra, para nós, há apenas uma fonte de luz, vida e calor, e é o sol, não é? É tudo muito claro. A luz na pessoa de Jesus traz justiça e cura. A escuridão (as trevas), é a força do inimigo e traz pecado e doenças.

Voltando a Mateus 4:23-24, temos o comentário do Novo Testamento. Quando o sol da justiça resplandeceu, nem os pecados nem as enfermidades e nem os demónios conseguiram ficar perante Ele. É uma mensagem gloriosa. É algo que nos entusiasma. O simples facto de que vamos para o céu quando morremos, é maravilhoso, mas, para mim não é tão entusiasmante quanto este. Neste momento fico mais entusiasmado com o que me irá acontecer antes de morrer. Se o propósito do evangelho fosse apenas levar-te para o céu quando morreres, então, há muita coisa que acontece e que não faz sentido.

Já ouviste falar dos dois Metodistas – isto nos tempos em que os Metodistas eram realmente Metodistas. Um era pregador, e o outro, um atirador profissional. Assim o pregador andaria a pregar e a chamar o povo para o arrependimento e salvação e, quando um

Metodista à moda antiga chama, todos têm de esquecer tudo para dar as suas vidas sem reservas ao Senhor Jesus Cristo. Quando o pregador estava absolutamente certo de que estavam realmente salvos, o seu irmão avançava e matava-os. Nunca tinham apóstatas! Bom, se o único propósito do evangelho é levar-te até ao céu, porque não chegar lá depressa?

Tal como o homem que um dia perguntou ao pregador, "Irei para o céu se comer porco? E ele respondeu, "Sim, e provavelmente chegarás lá mais depressa."

Mas o que eu estou a querer dizer, é que involuntariamente temos apresentado às pessoas uma caricatura do evangelho.

> Involuntariamente temos apresentado às pessoas
> uma caricatura do evangelho.

Ela tem mesmo pouco a ver com a verdadeira mensagem do Novo Testamento. É muito bom até onde vai, mas não vai longe o suficiente.

Vejamos agora a próxima questão, a oração pelo reino. As nossas orações e pregações devem estar relacionadas, não achas? É inconsistente pregar uma coisa e orar por outra. Jesus não deixou espaço para inconsistências. Ao proclamar o reino Ele ensinou os Seus discípulos como orar. Vamos até Mateus 6:9-10:

Portanto, vós orareis assim: Pai nosso, que estás nos céus, santificado seja o teu nome;

Começa com o aspeto mais crucial do teu relacionamento. Vens como um filho para *o pai*. Isso faz toda a diferença para a tua oração, pois estás a orar a um pai. A seguir temos a palavra, *nosso*, apenas para lembrar que Deus tem muitos filhos para além de ti. Não se pode dar ao luxo de ser o centro das atenções. Tendo feito isto, adotamos a atitude correta que é reverência ou adoração. *Santificado seja o teu nome.* Muito bem, é esta a aproximação essencial.

Ao fazermos a aproximação correta, estamos prontos para começar a orar ou fazer petições. Para que é a primeira petição? Para a vinda do reino. Entende que isto tem precedentes sobre qualquer necessidade pessoal. O pão de cada dia, o perdão dos pecados, tudo o resto, vem depois. Mas qual a prioridade número um? A vinda do reino de Deus. Parece-me que só estarás a orar completamente em sintonia com o desejo de Deus quando as tuas orações tiverem a mesma motivação e prioridade. O que importa primeiramente é a vinda do reino de Deus. Acho que estarás de acordo comigo em como isso irá ajustar a oração de muitos cristãos. Diria, a maioria. Somos tão centralizados em nós mesmos, que nos focamos apenas nas nossas pequenas necessidades.

Basicamente, eu diria que o Cristianismo ocidental contemporâneo tem a atitude de que Deus existe para nosso benefício. Nós não esperamos acomodar-nos a Deus, esperamos sim que Deus se acomode a nós. Esse é um conceito totalmente errado nesta relação. Baixando-O ao nível em que, Deus se torna uma espécie de máquina celeste de venda automática. Se encontrares a abertura certa e introduzires a moeda correta podes receber quer seja Coca-cola ou Fanta ou batatas fritas. Esta não é uma representação correta de Deus, entendes? Deus não vai mudar. É imutável. Se alguém mudar, adivinha quem será? Nós, é claro. Como resultado da queda, o homem ficou aprisionado em egocentrismo. Tudo girava à volta do seu pequeno mundo e ele ficou fechado na prisão dos seus próprios sentidos físicos. E a salvação livra-nos disso. Quebra essas amarras e liberta-nos. E restitui-nos uma visão centrada em Deus onde Ele é o centro e nós somos a periferia.

> A salvação restitui-nos uma visão centrada em Deus
> onde Ele é o centro e nós somos a periferia.

Muitos Cristãos são como os povos da Idade Média que pensavam que o universo girava à volta deles. Porque pensavam isso? Porque era onde viviam. Nós aprendemos que a terra gira à volta do sol, não é assim? E é assim para nós. Nós giramos à volta do sol da justiça. Não é ele que gira à nossa volta. Ele é o centro.

Avançamos mais um pouco nesta oração, versículo 10:

…venha o teu reino, seja feita a tua vontade, assim na terra como no céu;

Onde quer Deus que venha o Seu reino? Para a terra, claro. Assim, novamente, acho que muitas vezes temos tido a atitude em que o evangelho é uma forma de nos levar da terra para o céu. E pensamos em termos de 'eu voarei' (I'll fly away), etc. O que está bem, quer dizer, gosto dessa canção mas quando é usada na sua perspetiva correta. A verdade é que se estudares o Novo Testamento, é uma bela revelação porque o propósito de Deus não é tanto levar-nos ao céu mas trazer-nos o céu.

> O propósito de Deus não é tanto levar-nos ao céu
> mas trazer-nos o céu.

Qual o tema final do livro Apocalipse? A Nova Jerusalém descendo do céu para a terra. Nós não teríamos pensado assim. Então, se permitires Deus ser o centro, terás uma revelação que irá afetar-te duma maneira que nunca alcançarás se continuares a ser o centro das atenções. Vamos apenas repetir esses dois versículos, 9 e 10, mais uma vez, em oração.

Pai nosso que estás nos céus, santificado seja o teu nome; venha o teu reino, seja feita a tua vontade, assim na terra como no céu.

A partir de agora, vais ser hipócrita se continuares a viver para ti próprio. Porque acabaste de dizer, a minha primeira prioridade na vida é a chegada do reino de Deus. Ponho isso à frente de todos os problemas pessoais e necessidades.

Voltemos às promessas feitas às pessoas que fazem assim. Mateus 6:33:

Mas buscai primeiro [o quê?] *o reino de Deus e a sua justiça...*

Repara pois que não há justiça fora do reino de Deus. Não podes ser justo fora do reino porque és rebelde. E não há justiça para os rebeldes.

O único lugar onde podes ser justo é sob o governo de Deus. Ou és rebelde ou estás sob o governo de Deus.

Ou és rebelde ou estás sob o governo de Deus.

Assim, temos de procurar primeiro, não a justiça, mas o Seu reino. Como resultado disso, a justiça vem. E depois? Todas as outras necessidades da vida serão resolvidas. Se o quê? Se as prioridades forem bem escolhidas.

Acreditas nisso? Não tens de dizer 'amém', estou apenas a perguntar se acreditas mesmo nisso. E se realmente acreditas, estás a viver dessa forma?

Quando eu era um jovem pregador – sou ainda jovem, mas já fui mais – passei muito tempo em oração por dinheiro, que precisava, acredita-me. Nessa altura a minha esposa e eu tínhamos oito filhas adotadas e as contas da mercearia e outras parecidas, eram muito altas. De facto, lembro-me bem de comprar as lâminas de barbear uma de cada vez, porque não tinha dinheiro suficiente para um pacote. Bem, acredito na oração pelo dinheiro, e acho que é muito legítimo. Mas à medida que o tempo foi passando aprendi que se me focar no reino de Deus, terei muito mais com muito menos orações pelo dinheiro, entendes? Funciona, mesmo. Se estiveres em sintonia com as prioridades de Deus, Ele tomará conta de ti.

> Se estiveres em sintonia com as prioridades de Deus,
> Ele tomará conta de ti.

Não sou pouco prático, quero dizer, tenho os pés bem assentes na terra. Mas isto é perfeitamente prático. Quero encorajar-te a tentares isso em fé. Em fé, não com soberba. Tens que ter a orientação clara de Deus antes de avançares. Mas devo dizer, com todas as minhas fraquezas e muitas vezes não exercendo a fé como devia, vi essa escritura comprovada por muitos anos. Procura primeiro o reino de Deus e a Sua justiça, e as coisas virão até ti. Também tenho de dizer que Deus é muito generoso a longo curso. Serão testados, mas a longo curso, tal como eu disse, aos ministros que foram postos fora das suas igrejas que provavelmente perceberão, que Deus é mais generoso do que o conselho da igreja. Quero pois testemunhar a sua fidelidade, e quero dizer que funciona. Mas o princípio da vida no reino é, fazer o seu principal objetivo na vida, o estabelecimento do reino de Deus na terra. Obedece ao que Deus diz para ser feito e Ele tomará conta das tuas necessidades terrenas. Esta é a Sua promessa.

> Obedece ao que Deus diz para ser feito e Ele tomará conta das tuas necessidades terrenas. Esta é a Sua promessa.

Assim, Jesus não apenas proclamou a mensagem mas quando treinou os Seus discípulos e os enviou como apóstolos, Ele deu-lhes exatamente a mesma mensagem e eles ouviram precisamente as mesmas observações. Certo? Nada mudou, não havia nenhum outro nível inferior. Jesus não estava num certo nível com uma mensagem e os discípulos num nível inferior e com uma mensagem menor. Havia uma só mensagem e um só testemunho para todos os que proclamavam. Voltemos a Mateus 10 versículos 1-8.

E, chamando os seus doze discípulos, deu-lhes poder sobre os espíritos imundos,...

Essa é a primeira qualificação para saíres e apresentares as boas novas, é a autoridade sobre os espíritos imundos. Ninguém no Novo Testamento foi alguma vez enviado para proclamar o evangelho sem lhe ser dada autoridade sobre espíritos malignos. Não consegues encontrar um único exemplo.

...e para curarem toda a enfermidade e todo o mal.

Isto não te soa familiar? Onde lemos isso? Em Mateus 4.

Jesus enviou estes doze, e lhes ordenou, dizendo: Não ireis pelo caminho dos gentios, nem entrareis em cidade de samaritanos; (Mateus 10:5)

E porque não? Muita gente não compreende isso. Porque no programa de Deus, o reino era para ser oferecido, primeiramente, a uma nação que tinha sido especialmente preparada para receber o reino. Essa nação era Israel, é claro. E assim o reino não foi oferecido a mais nenhuma nação até após a morte e ressurreição de Jesus. Ele, explicitamente ordenou: *não ireis*. E quando uma mulher siro-fenícia veio até Ele por causa da sua filha que estava possuída por demónios, reagiu respondendo com bastante rudeza e disse que não era apropriado tirar o pão das crianças e dá-lo a cachorros porque ela não estava na nação à qual tinha sido oferecido o reino. Mas ela foi tão persistente que conseguiu tudo o que queria e ainda um pouco mais. Mas entende porque Ele a tratou assim; porque a Sua missão dada pelo Pai era proclamar a mensagem ao povo Judeu. Abordaremos isso mais a frente.

Agora, o que tinham que fazer? Versículo 6:

…ide antes às ovelhas perdidas da casa de Israel. E indo, pregai [proclamai]*, dizendo: "É chegado o reino dos céus".*

Como podes constatar, a mensagem não mudou. E, porque o reino dos céus chegou, o que tens que fazer para comprovar disso?

Curai os enfermos, limpai os leprosos, ressuscitai os mortos, expulsai os demónios…

Isto não te é familiar? Nunca muda. Não é a pessoa, é a mensagem.

…de graça recebestes, de graça dai.

Jesus disse que não pagaram nada para o ter, portanto não cobrem nada por ele. Adoro essa passagem. Perguntam-me; irmão Prince, viste mortos serem ressurretos? Sim, vi. Definitivamente. No Kenya na Africa Oriental onde trabalhei durante cinco anos, vi, pessoalmente, dois dos meus alunos serem ressurretos da morte. Mas muitos pregadores Africanos, simples pregadores, puderam testemunhar terem visto pessoas ressuscitarem da morte. Digo-te que o meu maior problema é limpar os leprosos. Conheço um leproso que foi limpo gloriosamente mas devo dizer que é nesta área que tenho mais problemas. Acredito no levantar dos mortos. Não faço levantar todos os mortos, nem Jesus o fez, mas acredito que é parte do testemunho do reino que ressuscitemos os mortos. Demonstramos a derrota da morte bem como de todos os outros males. Acredito apaixonadamente na expulsão de demónios. Acredito na cura dos doentes. Quem me dera poder fazer isso melhor ainda, mas pelo menos estou fazendo. O próximo ponto, e este é vital, é que uma vez que o reino seja proclamado e demonstrado, automaticamente trará para a luz a existência de um reino rival oposto, que é o reino de satanás. Se não levares o reino de satanás a manifestar-se, podes estar certo que não proclamaste realmente a mensagem. Por que a proclamação e demonstração da mensagem trará sempre o reino de satanás à luz.

Quando estava a trabalhar na educação, na África oriental há anos, o departamento governamental da educação do Kenya, enviou um filme chamado "O Reino Rival". Era um filme muito impressionante. A sua mensagem era que o homem apenas é bem sucedido mantendo-se à frente do inseto mas que a sua vida e bem-estar são constantemente ameaçados por um reino rival de insetos. Um dos grandes problemas naqueles dias no Kenya foi a malária. Uma pessoa, em cada dez segundos, morria de malária, em qualquer parte.

Bem, isso abriu a minha mente para a existência de um reino rival. Não um reino de insetos, mas um reino de seres satânicos, espíritos demoníacos, anjos rebeldes. E para o facto de que quando o reino de Deus se manifesta, haverá uma manifestação correspondente do reino de satanás.

Vejamos agora Mateus 12:22:

Trouxeram-lhe então um endemoninhado cego e mudo; e, de tal modo o curou, que o cego e mudo falava e via.

Compreendes o que quero dizer: Este homem era cego, não podia ver; mudo, não podia falar, devido a um espírito do mal. E quando esse espírito foi expulso, o homem começou a falar e a ver. Em Honolulu uma gentil senhora Suíça com 86 anos, que só falava Francês, veio até ao nosso serviço trazida pelo seu filho. O filho disse, "Esta é a minha mãe. Ela tem 86 anos, perdeu a vista, sendo pois praticamente cega, e quer orar." E a senhora disse-me, "Já tive quatro milagres." Eu respondi, "Acho que vai receber o quinto." E então resolvi testar. Quer dizer, não ia experimentar. Senti-me incentivado, e então disse, "vamos expulsar o espírito da cegueira". E Ruth e eu fizemos isso e algo veio sobre a senhora, nós fizemo-la sentar numa cadeira e ela começou a chorar e a tremer. E o seu filho estava a tentar confortá-la e fazê-la parar de chorar e tremer. Nós dissemos, não a faças parar, pois é isso que queremos expulsar dela. Entende, expulsar. Deixe que isso saia, não a tente acalmar. Então, continuámos com a reunião, orando por outras pessoas e cerca de dez minutos mais tarde, não mais, o homem trouxe a sua mãe e ela disse em francês, "Vejo os seus olhos," E o homem disse, "a vista de minha mãe está restaurada." Eu pensei, "Funciona." Graças a Deus que funciona. Ámen.

Mas é apenas a ponta do iceberg, pois deveria acontecer continuamente. Na mesma reunião veio um homem, surdo dos dois ouvidos. Pus os meus dedos nas orelhas, orei e disse, "Então?" Ele ouviu com ambos os ouvidos. Quero dizer, foi instantâneo.

Passemos agora a Mateus 12:23:

E toda a multidão se admirava e dizia: Não é este o Filho de Davi? Mas os fariseus, ouvindo isto, diziam: Este não expulsa os demônios senão por Belzebu, príncipe dos demônios. (versículo 24)

Este é um dos títulos de satanás. Por outras palavras, eles acusavam Jesus de estar aliado a satanás. Uma coisa terrível de ser dita.

Jesus, porém, conhecendo os seus pensamentos, disse-lhes: Todo o reino dividido contra si mesmo é devastado; e toda a cidade, ou casa, dividida contra si mesma não subsistirá. E, se Satanás expulsa a Satanás, está dividido contra si mesmo; como subsistirá, pois, o seu reino? (25-26)

Repara que satanás tem um reino, tens de entender isso. Continuando:

E, se eu expulso os demónios por Belzebu, por quem os expulsam os vossos filhos? (27)

O exorcismo era praticado entre o povo Judeu naquela época.

Por isso, eles mesmos serão os vossos juízes. (27) [atenção ao próximo versículo]: *Mas, se é pelo Espírito de Deus que eu expulso os demónios, logo é chegado a vós o reino de Deus.* (28)

Vês? O que é isto? É o conflito entre dois reinos invisíveis. O reino de Deus, representado por Jesus, o reino de satanás representado por demónios. E quando os demónios tiveram que render-se perante a autoridade de Jesus e o poder do Espírito Santo, foi essa a demonstração de que o reino de Deus tinha triunfado sobre o reino de satanás. Acredito que é, sobretudo por isso que satanás detesta tanto o ministério da libertação, porque é a demonstração aberta de duas coisas. A realidade de dois reinos invisíveis e o facto de que o reino de Deus tem supremacia e vitória sobre o reino de satanás.

— / — / — / — / — / — / —

Esta carta é baseada na gravação nº I-4121:
THE GOOD NEWS OF THE KINGDOM
- **Restoration of the Message**